I0122879

SERVICE GÉOGRAPHIQUE DES COLONIES

CARTE

DU

CONGO FRANÇAIS

au $\dfrac{1}{1.500.000^e}$

NOTICE

ET

INDEX ALPHABÉTIQUE

PARIS

AUGUSTIN CHALLAMEL, ÉDITEUR

LIBRAIRIE MARITIME ET COLONIALE

5, RUE JACOB, ET RUE FURSTENBERG, 2

—

1895

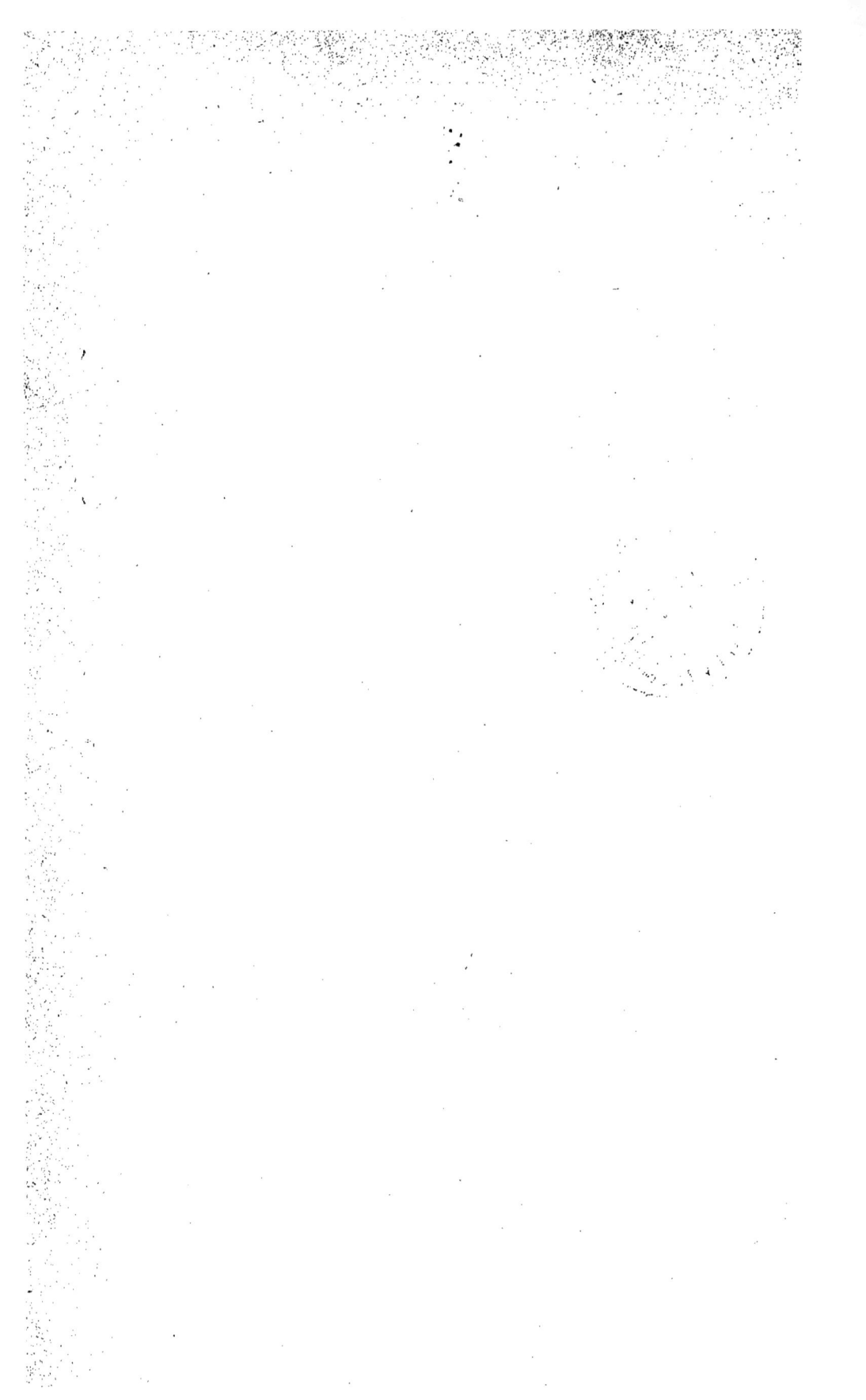

SERVICE GÉOGRAPHIQUE DES COLONIES

CARTE

DU

CONGO FRANÇAIS

au $\dfrac{1}{1.500.000^e}$

NOTICE

ET

INDEX ALPHABÉTIQUE

PARIS

AUGUSTIN CHALLAMEL, ÉDITEUR

LIBRAIRIE MARITIME ET COLONIALE

5, RUE JACOB, ET RUE FURSTENBERG, 2

—

1895

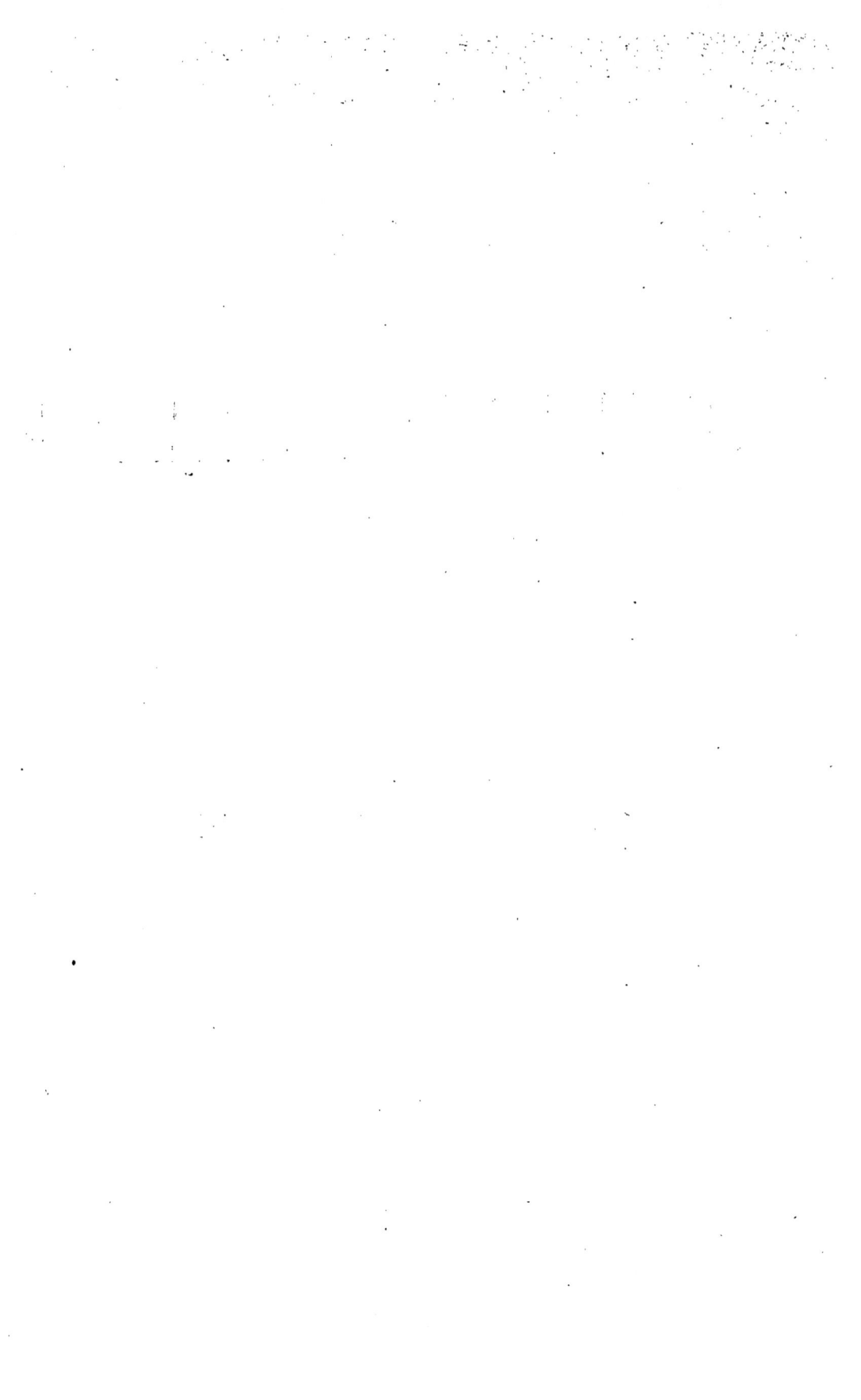

CARTE

DU

CONGO FRANÇAIS

NOTICE

En faisant établir la nouvelle *Carte du Congo Français* dont il vient de terminer la publication, le Service géographique des Colonies s'est proposé de combler la lacune qui existait dans la cartographie de cette colonie. Nos possessions du centre africain prennent de jour en jour une extension plus grande et touchent aujourd'hui aux sources mêmes du Nil. Il était donc urgent de donner une vue d'ensemble des régions soumises à notre influence.

Primitivement resserrée entre la côte de l'Océan à l'ouest et le cours moyen du Congo à l'est; limitée même en partie au nord par le parallèle 2° 10 jusqu'au méridien 12° 40 de Paris, notre colonie a pris, au cour de ces dernières années, un rapide essor par les seules régions qui lui restaient ouvertes; celle de la Sangha et celle de l'Oubangui.

C'est entre ces nouvelles limites que s'étend aujourd'hui notre champ d'action.

L'énorme portion de territoire qui englobe, avec l'ancien Congo Français, la nouvelle colonie du Haut-Oubangui, est loin d'être entièrement connue, et, si la cartographie en a été approximativement établie, elle ne saurait être encore édifiée sur des éléments certains. — Néanmoins étant donné l'importance des résultats acquis depuis la publication de la carte Rouvier, il était nécessaire de les faire connaître et de les coordonner.

C'est pour répondre à ce besoin que le Service géographique des Colonies publie sa nouvelle carte du Congo français, réservant pour une époque ultérieure le soin d'établir une carte définitive des régions soumises à l'influence française dans le centre africain.

Toutefois, malgré son caractère provisoire, la carte du Congo français réunit tous les renseignements connus à l'heure actuelle sur notre colonie.

L'échelle du 1/1.500.000, qui a été adoptée, a permis en effet de reporter tous les détails contenus dans les documents employés.

La carte est limitée au nord par le méridien de Ngaoundéré et donne ainsi, avec une grande partie du Cameroun allemand, l'Adamaoua presque tout entier. — On y suivra donc aisément toutes les explorations qui ont sillonné le bassin de la Sangha.

La limite Est suit le 22° de longitude, laissant ainsi dans le cadre tous les pays qui entourent le confluent de l'Oubangui et du M'Bomou.

La carte est enfin limitée au sud par le 5° parallèle, dont l'intersection avec la côte marque approximativement le point terminus de notre frontière avec l'enclave portugaise de Landana.

Les dimensions du papier n'ayant pas permis, en raison de l'échelle adoptée, de donner le cours inférieur du Congo, un cartouche spécial reproduit la partie du fleuve comprise entre Loutété et son embouchure.

Il a paru intéressant de faire également un cartouche pour les pays compris entre le bassin du Tchad à l'ouest et le cours supérieur du Nil à l'Est. On s'y reportera utilement pour toutes les questions qui ont trait à l'importante région du Bahr-el-Ghazal et du Soudan égyptien, ainsi qu'aux environs de Lado et au nœud orographique qui sépare les sources du Nil de celles de l'Oubangui et de M'Bomou.

On voit qu'en dehors de la colonie elle-même toutes les régions adjacentes intéressantes à connaître ont été reproduites : dans chacune de ces contrées, les résultats de toutes les explorations récentes ou anciennes ont été mentionnés.

C'est ainsi que, dans la région côtière, on a eu recours aux travaux de MM. du Chaillu (1859-1866), Crevost (1894), Forêt (1892), Genoyer (1863), Guiral (1884), Nicolas (1871-86), Pobeguin (1888-91) ;

— Dans la région de l'Ogoué et la partie nord du Gabon, à ceux de MM. Aymes (1867-87), Baron (1894), Barrat (1893), Berton (1890-92), Braquezec (1858), J.-S. de Brazza (1885-86), P.-S. de Brazza (1877-1892), Brousseau, le Chatelier (1892-94), marquis de Compiègne (1874), du Chaillu (1859-66), de Chavannes (1883-85), Crampel (1889-90), Cuny (1894), Dutreuil de Rhins (1888), Fourneau (1889), Guillon (1886), Godel (1893), Hedde (1869), Lebas (1869), Marche (1874), Minier (1882), Nicolas (1886), Reeb (1890), Tenaille d'Estais (1882) ;

— Pour la région sud et la vallée du Niari Quillou, aux itinéraires de MM. Blim (1891), Cholet (1887-90), Danzanvilliers (1891), Dolisie (1890), Jacob (1886-88), Mizon (1881), Labeyrie (1884), Pleigneur (1887), Rouvier (1885-86), Thollon (1891-93), Thoiré (1890), Voitoux.

— Pour la région du Congo moyen et de l'Alima, à ceux de MM. Ballay (1878-83), Decazes (1885), Rouvier (1885-86), de Chavannes (1883-85).

— Pour le bassin de la Sangha, aux levers de MM. Blom (1892), Blot (1892), P.-S. de Brazza (1892), Cholet (887-890), Clozel (1894-95), Decœur (1892), Fourneau (1891), Fredon (1892), Husson (1891), Mizon (1892), Ponel (1892-93).

— Pour la région du coude de l'Oubangui, aux travaux de MM. Briquez (1891), Brunache (1891), Crampel (1890), Dunod (1888), Dybowski (1891), Lauzière (1890), Maistre (1892), Ponel (1892-93).

— Enfin, pour la région du Haut-Oubangui et du M'Bomou, à ceux de MM. Bobichon (1894), Comte (1894), Decazes (1894), François (1894), Julien (1894), Liotard (1892), de Poumayrac (1892), et Vermot (1896).

Indépendamment des travaux des explorateurs français, on a
également utilisé ceux de nombreux voyageurs étrangers. Nous
citerons notamment les itinéraires de MM. Comber (1884), Delporte
(1890), Flegel (1880-83), Grenfell (1886), Güssfeldt (1874), Hans-
sens, Iradier (1886), Junker (1883), de la Kéthulle (1893), Kund
(1887-88), Mikik, Morgen (1889-91), M. de Oca (1885), Ossorio

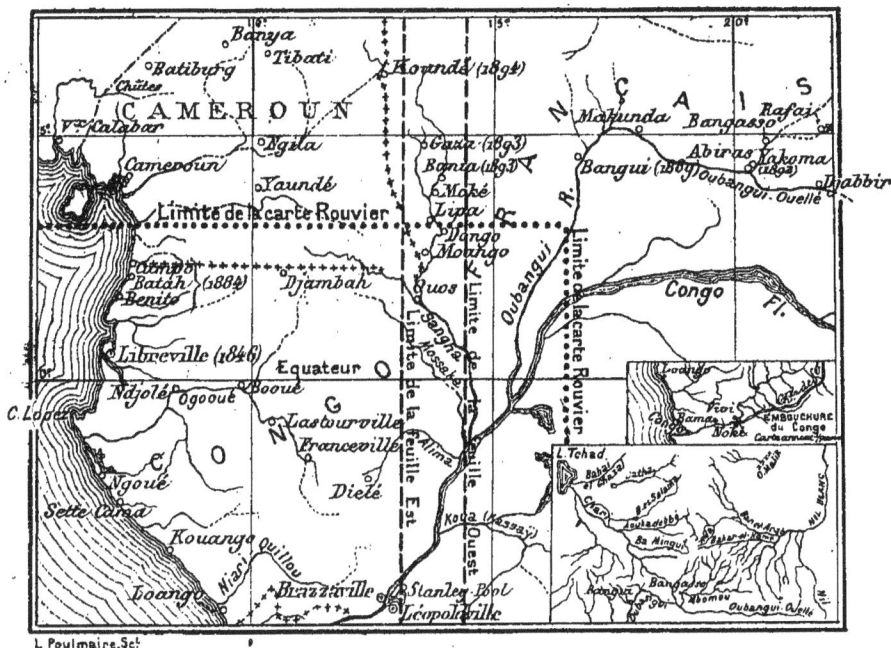

L Poulmaire, Sc!

(1886), de Schwerin (1887), Baumann (1886), Stanley (1877), Tap-
penbeck (1887-88), Tuckey (1887-88), Van Gèle (1887-88); Walker
(1866).

Nous donnons ci-dessus une réduction très abrégée, au
1/15.000 000°, de la publication dont il s'agit. On pourra se rendre
ainsi facilement compte des contrées qui y sont reproduites.

La carte se compose de deux feuilles; la feuille Ouest comprend
la partie de la colonie comprise entre la côte et le cours moyen
du Congo; la feuille Est donne dans la région du Haut-Oubangui
et du M'Bomou.

La section des deux feuilles a été faite de façon que le cours de la Sangha, aussi important pour les communications avec la côte que pour l'extension au nord-ouest de nos possessions au Haut-Oubangui, soit reproduit sur chacune d'elles.

Nous ajouterons en terminant qu'en publiant un document qui réunisse tous les renseignements recueillis à l'heure actuelle sur le Congo Français le Service géographique des Colonies ne considère pas sa tâche comme terminée.

Il croit néanmoins avoir fait œuvre utile en vulgarisant dès à présent les résultats acquis par l'influence française dans le centre africain.

Novembre, 1895.

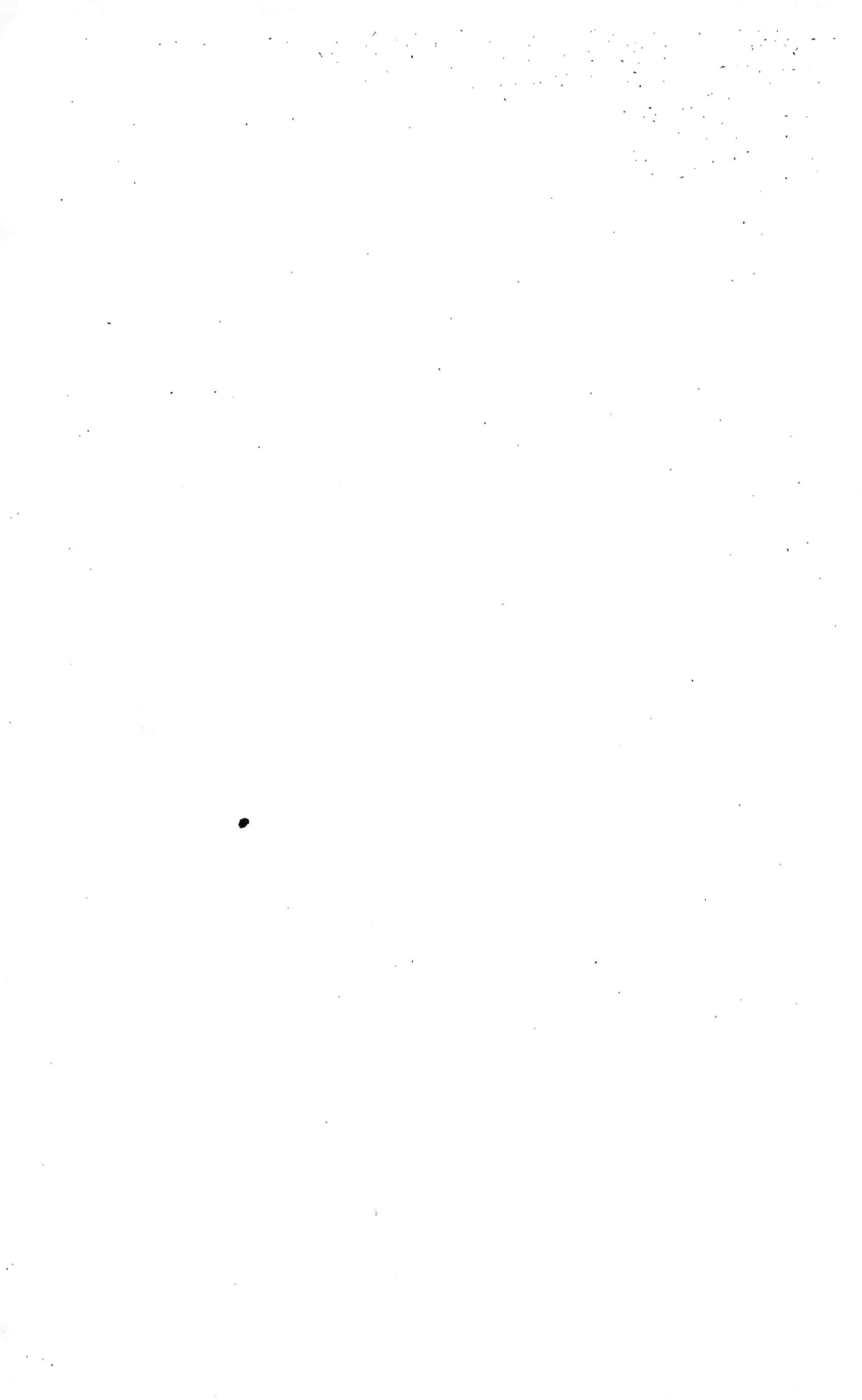

INDEX ALPHABÉTIQUE

L'index alphabétique joint à la nouvelle carte du Congo Français réunit tous les noms contenus dans les deux feuilles de cette carte.

Outre les noms géographiques proprement dits, il permet d'y retrouver immédiatement l'itinéraire des explorateurs français et étrangers.

A chaque bande de territoire comprise entre deux méridiens correspond une lettre.

A chaque bande de territoire comprise entre deux parallèles correspond un chiffre.

Chaque nom du lexique est suivi de la lettre et du chiffre correspondant aux deux bandes à l'intersection desquelles il est placé sur la carte.

Quoique le dernier chiffre placé au bas du cadre général soit le chiffre 13, on rencontrera souvent dans le lexique les nombres 14 et 15. On se reportera dans ce cas au cartouche *Embouchure du Congo* qui étend de deux degrés vers le Sud une partie de la feuille Ouest.

Dans le cartouche *Région entre Tchad et Nil* qui reproduit, à une échelle différente, une région beaucoup plus septentrionale, les lettres majuscules correspondant à chaque bande verticale ont été remplacées par des minuscules et les chiffres arabes correspondant à chaque bande horizontale, par des chiffres romains.

On cherchera, par exemple :

LIBREVILLE. . **C 8,** dans la carte générale.

VIVI . . . . . **G 14,** dans le cartouche *Embouchure du Congo.*

BIFARA . . . . **a III,** dans le cartouche *Région entre Tchad et Nil.*

ABRÉVIATIONS.

Les noms du lexique
suivis de la lettre (*v*) se rapportent à une ville ou un village.

(*p*)	—	une peuplade, un pays ou une région.
(*r*)	—	un cours d'eau, fleuve ou rivière.
(*itin*)	—	un itinéraire.
(*rap*)	—	rapide.
(*m^t*)	—	montagne.
(*p^{te}*)	—	pointe.

A

B

Bakouma (v)	P	3	Bandassi (v)	c	II
Id.	c	II	Bandero (r)	L	1
Bakoundé (v)	I	5	Bandja (r)	J	9
Id.	a	III	Bandjiabi (p)	E	10
Bakourou (v)	I	3	Bandjané (r)	H	6
Bala (v)	H	10	Bandjia (v)	I	5
Bala (v)	L	4	Bandjia (p)	Q	3
Ba-Laïri (r)	a	I	Id.	c	II
Balali (p)	H	12	Bandou ou Bandou Kot-		
Balangui (p)	C	7	to (r)	O	4
Balao (v)	M	3	Bané (p)	E	5
Bali (v)	Q	3	Banga (r)	D	9
Bali (r)	H	2	Bangaba (v)	P	4
Id.	I	3	Bangadi (v)	O	3
Id.	J	6	Bangagna (rap)	E	9
Id.	a	II	Bangaheli (v)	C	6
Id.	a	III	Bangala (p)	L	7
Id.	P	3	Bangania (rap)	D	9
Id.	c	II	Id.	F	10
Balinga (v)	E	4	Bangassou (v)	P	4
Balla (v)	H	9	Id.	c	III
Ballali (plateau)	I	11	Bangbaté (v)	P	4
Ballay (itin)	J	10	Bangoran (r)	b	II
Id.	H	10	Bangou (plateau)	H	14
Bally (v)	H	12	Bangoul (v)	a	II
Baloui (p)	K	8	Bangouloungoulou (v)	I	11
Balolo (p)	L	9	Bangourou (v)	O	4
Baloum (p)	C	11	Bangui (v)	b	III
Baloumbo (p)	E	12	Bangui (v)	L	4
Bam (v)	a	II	Bangui (r)	N	4
Bamassa (v)	M	4	Bani (v)	D	7
Bamassa (p)	I	6	Bania (v)	I	4
Bamba (v)	F	14	Id.	a	III
Bamba (mts)	F	13	Banié (r)	C	7
Bambamou (v)	N	4	Bankoro (p)	G	11
Bamengo (p)	H	11	Banoko (mt)	c	6
Bami (v)	O	4	Banoko (baie)	c	6
Ba-Mingui ou Vanza (r)	b	III	Banounou (p)	J	11
Bamou (ile)	I	13	Bansingué (v)	Q	4
Banda (v)	D	12	Banyo (v)	E	2
Banda (p)	D	11	Banziri (p)	M	3
Id.	c	II	Id.	N	4
Bandala (v)	b	I	Id.	b	III

Birogou (*mts*)	F	10	Bolembé (*v*)	K	7
Biselli (*v*)	d	II	Bolo (*mts*)	L	3
Biti (*r*)	I	5	Id.	b	II
Bizo (*v*)	C	9	Bolobo (*v*)	J	10
Blakoste (*v*)	C	7	Bolobo (*v*)	I	11
Bleue (*rivière*)	I	12	Bolobo (*Et^s*)	H	13
Blim (*itinéraire*)	E	13	Bololo (*m^t*)	F	6
Blindou (*m^t*)	M	3	Bolombo (*v*)	L	7
Blom (*itin*)	I	4	Bolomo (*v*)	K	6
Blot (*itin*)	I	4	Bolongo (*v*)	K	7
Bloundo (*r*)	D	5	Boma (*v*)	F	14
Bo (*r*)	J	4	Bomali (*v*)	K	8
Bobaka (*v*)	J	9	Boma-Nkoutou (*v*)	G	12
Bobala (*p*)	L	1	Bomassa (*v*)	I	6
Bobassa (*v*)	L	4	Bomba (*v*)	N	5
Bobichon (*itin*)	N	4	Bomba (*v*)	H	6
Bobo (*r*)	c	II	Bombaké (*v*)	C	7
Bobouka (*v*)	L	7	Bombinda (*v*)	J	10
Bocala (*v*)	K	9	Bomé (*r*)	I	4
Bocambi (*v*)	M	7	Bomélé (*r*)	J	9
Bocodié (*r*)	D	7	Bomgo (*p*)	N	5
Bocolo (*v*)	D	7	Bomokandi (*v*)	c	III
Boda (*v*)	I	4	Bomokandi (*r*)	c	III
Bodé (*v*)	C	6	Bomondis (*v*)	C	7
Bodjili (*p*)	H	7	Bonaba (*marais*)	L	3
Bogada (*p*)	L	1	Bonda (*v*)	Q	7
Bogadou (*v*)	L	2	Bondjio (*p*)	L	5
Id.	b	II	Id.	K	6
Bogo (*r*)	D	6	Boné (*r*)	I	4
Bogoula (*r*)	J	8	Bonga (*v*)	J	10
Bogounso (*v*)	P	4	Bongo (*v*)	D	11
Bohito (*v*)	d	II	Bongo ou Dor (*p*)	d	II
Boïa (*r*)	J	10	Bongoudou (*v*)	K	6
Boïo (*v*)	F	11	Bongouassou (*p*)	L	5
Bokalo (*v*)	K	8	Bongué (*v*)	E	10
Bokassi (*v*)	L	4	Bongué (*r*)	C	7
Bokela (*v*)	O	6	Bonguéré (*p*)	I	4
Bokendzou (*v*)	L	8	Bonyata (*v*)	E	4
Bokot (*v*)	c	II	Boôué (*v*)	E	9
Bokou (*r*)	c	II	Boôué (*chute de*)	E	9
Bokoué (*m^t*)	D	7	Bor (*v*)	d	II
Bokren et Bohour (*p*)	d	II	Bornou *p*)	a	I
Bolé (*r*)	I	2	Borogou-Bouanga (*m^t*)	E	10

Bororit (v).	b	I	Bouïa (*chute*).	C	6
Boroum (v).	I	7	Boukindé (*p*).	I	5
Bosélé (r).	L	4	Boukounzi (v).	L	7
Id.	b	III	Boula (v).	K	8
Bosso (v).	a	I	Boulala (*p*).	a	I
Botambi (v).	L	4	Boulambi (v).	F	10
Botandé (v).	K	8	Boulboul (r).	c	II
Botoundo (v).	K	9	Bouleko (v).	I	8
Boua (r).	E	7	Boulinguimbi (*m^t*)	F	13
Boua (*p*).	b	II	Boulou (v).	G	14
Bouagba (r).	L	4	Boumané (v).	Q	4
Bouali (v).	D	10	Boumanga (v).	J	4
Boualo (v).	G	12	Boumango (v).	F	13
Bouango (v).	M	3	Boumba (v).	P	6
Bouarré (r).	I	4	Boumbo (v).	I	4
Boubata (r).	E	9	Boumou (r).	E	8
Boubou (v).	I	5	Boun (v).	C	5
Boubou (*chute*).	O	4	Bouna (*p*).	F	3
Boubou (*p*).	N	4	Id.	G	4
Id.	O	4	Bounda (v).	J	10
Id.	b	III	Bounda-Matadi (v).	F	13
Boubonata (r).	I	4	Boundelé (v).	E	10
Boubouma (r).	D	12	Boundia (v).	P	4
Boubounga (v).	M	7	Boundji (v).	H	10
Boubouzou (*p*).	J	12	Boundji (*m^ts*).	E	10
Boucanda (v).	F	11	Boundji (*chute*).	F	9
Bouco-Sema (v).	F	14	Boundourou (*p*).	L	4
Bouddouma (*p*).	a	I	Boungambi (v).	K	9
Boudeï (v).	I	3	Boungata (v).	K	8
Boudouka (v).	G	13	Boungi (*rap*.).	E	9
Boudoul (v).	I	3	Boungkoumbé (v).	L	7
Id.	a	II	Boungo (r).	C	5
Bouenda (v).	F	13	Bounguélé (v).	P	7
Bouët (*m^t*).	C	8	Bounnangua (*p*).	J	1
Bouenza (v).	G	13	Bounyembé (*p*).	K	6
Id.	G	12	Bouraka (*p*).	N	4
Bouforo (v).	I	2	Bourouzo (v).	O	4
Bougbou (*chute*).	b	III	Bousembi (v).	L	5
Bougdy (*lac*).	b	I	Bousindé (*p*).	J	8
Bougoman (v).	a	I	Bousindi (v).	K	9
Bouguemi (*p*).	L	1	Bousso (v).	a	I
Bouguera (v).	I	3	Boutabo (r).	K	6
Bouhane (*p*).	I	4	Boutabo (*p*).	K	6

BIBLIOTHÈQUE

Boutari (r).	I	4	Brazza (itin- P. S. de-).	F	9
Boutena (v).	G	2	Id.	G	10
Boutenamombé (v).	I	7	Id.	G	12
Bouti (v).	C	4	Id.	G	13
Bouton (v).	I	4	Id.	G	14
Id.	a	III	Id.	H	9
Boutou (p).	I	4	Id.	H	10
Id.	a	III	Id.	H	11
Bouvougoura (v).	c	III	Id.	I	5
Bouyengueïa (v).	E	11	Id.	I	7
Bouzerou (p).	L	4	Id.	I	10
Bovala (rap).	E	9	Brazzaville (v).	H	13
Braouezec (itin).	C	8	Briquez (itin)	L	3
Brazza (itin. J. de)	F	9	Broto (v). -	a	II
Id.	G	11	Brousseau (itin).	C	10
Id.	H	8	Brunache (itin).	L	3
Id.	J	9	Bullotin (v).	L	8

C

Cabinda (baie).	E	14	Carlos (baie) (San-).	B	c
Cabinda (p).	E	14	Carnot (v).	I	4
Id.	F	13	Id.	a	III
Caba-Combo (v).	E	14	Carrée (montagne).	G	13
Cacongo (r).	E	14	Casimba (lac).	C	11
Cala (v).	F	15	Cerembala (chute).	O	4
Calabar (riv. Vieux-)	B	4	Chââd (r).	G	5
Calabar (Vieux) (v).	A	4	Chaillu (itin) (Du-).	C	9
Cama ou Nkomi (p).	C	10	Id.	D	10
Camayango (v).	o	4	Id.	E	10
Camba (mᵗ).	D	6	Chaké (p).	F	9
Cameroun (estuaire).	C	5	Chala (v).	c	II
Cameroun (mᵗ).	B	4	Chamba (pointe).	E	14
Cameroun (p).	D	4	Chambi (v).	D	12
Id.	E	4	Chango (lag).	C	10
Id.	F	4	Chari (r).	a	I
Id.	G	4	Id.	T	II
Campo (v).	C	6	Chavannes (itin) (De)	H	10
Campo (r).	C	6	Chaudron d'Enfer (rap.).	G	14
Campo (baie).	C	6	Chekka (v).	C	I
Canda (v).	E	10	Chemba (v).	F	14

Chemin de fer de Vivi au		
Stanley Pool	G	14
Id.	H	13
Id.	H	14
Chenini (r)	T	I
Chererib (v)	T	I
Chibembé (v)	F	12
Chikoua (v)	N	4
Chillouk (p)	d	I
Chinaba (mᵗ)	D	6
Chinchoua (v)	C	9
Chingo (p)	P	4
Chinko (p)	Q	3
Chinko (r)	c	II
Chitati (mᵗˢ)	a	I
Cho (r)	L	2
Choka (v)	H	4
Cholet (itin)	F	12
Id.	G	13
Id.	H	6
Id.	J	8
Cimba (ile)	C	8
Cimba (p)	E	9
Cinna (r)	F	12
Clarence (pic)	B	5
Clock-Point (pointe)	K	9
Clozel (itin.)	I	3
Comassa (v)	I	5
Id.	a	III
Comba (v)	G	13
Id.	O	4
Id.	H	10
Combé (r)	J	8
Combé (p)	C	7
Comber (itin. J.)	I	13
Comi (r)	G	9
Como (r)	C	8

Como (r)	D	8
Compiègne (itin. M. de)	D	9
Comte (itin)	o	4
Cona (p)	E	9
Conda (r)	J	9
Condo (lac)	E	14
Congo (fl.)	I	13
Id.	K	9
Id.	F	15
Id.	o	6
Congoumé (r)	F	7
Conho (mᵗ)	E	8
Coniquet (ile)	C	8
Conkouati (v. et lag)	D	13
Copa (v)	C	11
Corisco (ile)	B	8
Corisco (baie)	C	8
Coro (r)	Q	4
Coukou (v)	F	11
Coumbi (r)	F	14
Coundi (v)	b	II
Coungou (mᵗˢ)	D	12
Couri (r)	I	3
Crampel (itin)	E	7
Id.	F	6
Id.	F	8
Id.	M	2
Id.	M	3
Id.	N	2
Creek-town (v)	A	4
Crevost (itin)	C	8
Criby (v)	C	6
Criby (r)	C	6
Cristal (mᵗˢ de)	C	8
Crocodile (cap)	G	14
Croissat (v)	D	12
Cuny (itin.)	D	7

D

Dabo (r)	D	9
Daga-Diffili (mᵗ)	b	II

Dagué (v)	Q	3
Dagué-Dagué (v)	L	2

Diffa (v)	H	4	Djembé (v)		a	III
Id.	a	III	Djankombol (v)		4	2
Dikoa (v)	a	I	Djidjine (r)		E	6
Dileb (El) (r)	c	I	Djili (r)		I	13
Dilfin (v)	a	I	Djilimballa (v)		E	5
Dilolo (v)	E	10	Djilo (r)		F	9
Diloumboua (mᵗ)	H	13	Djima (p)		H	6
Dima (Dar-Abou-) (p)	c	I	Djimou (v)		I	6
Dimassa (v)	O	4	Djimou (p)		I	6
Id.	b	III	Id.		I	7
Dimbigouango (v)	C	9	Djinja (r)		I	4
Dinda (v)	c	II	Djoconda (v)		F	9
Dindé (v)	D	12	Djolou r)		H	12
Dindji (v)	F	12	Djomé (v)		F	10
Dinka (v)	d	II	Djongo (v)		D	5
Dinka (p)	d	II	Id.		F	10
Id.	e	II	Djongo (r)		I	4
Dingo (v)	E	10	Djongongo (v)		I	6
Dingui (v)	a	II	Djoua (r)		H	12
Diogo (baie)	F	15	Djouba (v)		d	II
Diou (v)	I	13	Djoué (r)		H	12
Disia (v)	I	2	Djoueké (r)		H	12
Djabbir (v)	Q	5	Djoumba (v)		F	9
Id.	c	III	Djoumbé (rap)		I	5
Djah (r)	F	6	Djour (r)		d	II
Djamba (v)	F	7	Djour-Ghatta (v)		d	II
Djambaia (v)	D	9	Djumba (v)		O	4
Djambala (v)	I	4	Dogobella (p)		E	4
Id.	a	III	Dogorda (p)		a	I
Djambala (r)	I	4	Dogou (v)		J	4
Djambang (v)	F	6	Dogoua (r)		D	11
Djambla (v)	G	1	Dogourgourou (r)		d	II
Djangué (p)	d	II	Doh (v)		I	3
Djanon (v)	I	3	Id		a	II
Djauro-Gozil (mˡ)	E	1	Doho (r)		G	8
Djataou (mˡ)	H	3	Dokeat (v)		b	I
Djeddi (v)	H	3	Doko (v)		I	5
Djeifi (v)	d	III	Doka (v)		I	3
Djelo (v)	E	10	Id.		a	II
Djemaldé (v)	b	II	Doki (v)		I	3
Djembé (v)	I	3	Dolisie (itin)		G	13
Djembé (v)	I	4	Id.		K	8
Djembé ou Nola (v)	I	5	Dombaoua (v)		c	II

Dombo (v)	C	8	Doumé (*chute de*)	F	9
Domé (*île*)	B	10	Doumoukélé (r)	H	6
Dommé (p)	E	2	Doumbo (r)	C	10
Donas (v)	b	I	Doundo (v)	O	5
Donga (r)	C	5	Doungono (v)	D	4
Dongo (m^t)	D	6	Douo (r)	G	8
Dongon (r)	E	10	Douvres (*falaises de*)	H	13
Dongou (v)	d	III	Droumba (v)	N	4
Id.	N	4	Id.	b	III
Dongou (r)	d	III	Duboc (*itin*)	C	9
Donguila (v)	C	8	Du Chaillu (*itin*)	C	10
Dor ou Bongo (p)	d	II	Duei (r)	G	10
Douago (v)	I	5	Duke-Foun ou Vieux Ca-		
Douala (*île*)	I	12	labar (v)	A	4
Douani (v)	b	10	Dunod (*itin*)	J	10
Douaro (v)	c	III	Id.	L	4
Douba (v)	O	4	Id.	L	5
Doubanda (v)	M	3	Dusalla (v)	D	11
Douboubari (r)	F	7	Dutreuil de Rhins (*itin*)	c	10
Doufilé (v)	d	III	Id.	D	9
Douguegui (r)	D	10	D'Uzès (*itin du Duc*)	O	4
Douï (p)	a	II	Dyamballa (v)	H	11
Doukou	F	13	Dyanga (v)	B	4
Doumalaboumba (v)	F	9	Dybowski (*itin*)	M	2
Doumandé (v)	Q	4	Id.	M	3
Doumba (m^t)	b	II	Dzem-mfan (p)	H	5
Doumba-Mayela (v)	G	10	Id.	H	6
Doumé (r)	H	5	Dzienga (p)	F	12
Doumé (r)	a	III			

E

Ebama (v)	I	9	Edouma (v)	B	8
Ebendié (p)	C	8	Echira (p)	D	11
Ebiameyong (v)	D	6	Ecolo (v)	D	11
Ebila (v)	K	8	Ecoucouri (r)	I	12
Ebiri (v)	G	10	Ekáni (v)	E	5
Ebotro (v)	C	7	Ekéla (r)	I	4
Ebou (v)	H	10	Ekododo (v)	C	8
Ebouko (*lac*)	C	9	Ekoud (v)	F	6
Edia (v)	C	5	Ekoueta-niliani (*pointe*)	B	9
Edia (*chute*)	C	5	Ekoukou (r)	C	7
Edoukoué (r)	C	8	Ekounda (v)	H	8

Ekoyou (v)	K	7	Endoui (v)	F	11
Elangui (r)	J	10	Enfer (*chaudron d'*) (*cr.*)	G	14
El Attat (v)	c	II	Engui (r)	P	1
El Birni (v)	b	I	Id.	c	II
El Dileb (r)	c	I	Enionga (v)	C	10
Elebé (*mᵗ*)	C	9	Enkassa (v)	H	11
El Facher (v)	c	I	Enomba (v)	L	3
El Gel (r)	d	II	Epougo (v)	E	10
El Goua (*lac*)	d	I	Equateurville (v)	K	8
El Hallah (v)	c	I	Equatoria (*p*)	d	III
El Hamié (v)	b	I	Erérébolo (v)	D	9
Eliab-Doko (v)	d	II	Ergoud (v)	c	I
El Kouti (*p*)	b	III	Escia (v)	H	10
Elly (v)	H	10	Es Safer (v)	d	I
Elloumendzoko (v)	F	8	Essemekan (v)	F	7
El Obeïd (v)	d	I	Essoubi-Likouala (r)	J	8
Elobey (*îles*)	C	8	Essoukou (v)	J	10
Elole (r)	E	9	Estaïs (*itin. Tenaillé d'-*)	C	9
Elouma (v)	D	6	Esterias (*cap*)	B	8
Eloundo (v)	C	8	Etoka-toka (v)	H	8
Embé (v)	d	III	Euyellé (v)	K	6
Enanganyela (v)	D	7	Euzinga (v)	L	5

F

Fabbo (v)	d	III	Fitri (*lac*)	b	I
Fachoda (v)	e	II	Flegel (*itin*)	E	2
Fadé (v)	O	4	Fodjalat (v)	c	I
Fadibek (v)	C	III	Foga (v)	d	d
Fafa (v)	I	11	Forago (v)	c	II
Fafa (r)	M	3	Forêt (*itin*)	D	11
Fagui (v)	H	10	Foro (v)	P	2
Faquit-Zakariya (v)	d	I	Id.	c	II
Fatil (v)	d	II	Foro (r)	P	1
Favor (v)	d	II	Id.	c	II
Fedejoub (v)	E	6	Fouati (v)	I	4
Fer (*montagne de*)	O	5	Foula (v)	C	8
Fernando-Po (*île*)	B	5	Foula (v)	D	9
Fernand-Vaz (v)	C	10	Foulakari (r)	H	13
Fernand-Vaz (*lag*)	B	10	Foulbé (*p*)	G	1
Id.	C	10	Foulbé (r)	c	III
Figelivinge (*mᵗ*)	D	7	Foullou (r)	c	III
Finda (v)	b	II	Fourneau (*itin*)	C	6

Fourneau (*itin*)	C	8	Foutou (*v*)	E	13
Id.	D	8	Française (*p^{le}*)	F	15
Id.	E	7	Franceville (*v*)	G	10
Id.	H	6	François (*itin*)	o	4
Id.	I	6	Fredon (*itin*)	J	4
Id.	I	4	Futila (*v*)	E	14

G

Gabenlaba (*v*)	H	13	Gapanon (*v*)	L	4
Gaberi (*p*)	a	II	Garenki (*v*)	b	II
Gabon (*estuaire*)	C	8	Garge	H	4
Gadda (*r*)	d	III	Garomba (*v*)	Q	5
Gado (*v*)	L	3	Garou (*v*)	L	3
Gagana (*v*)	I	3	Garoua (*v*)	a	II
Gagasso (*m^t*)	L	3	Garouka (*v*)	H	12
Gaké (*v*)	O	4	Gaza (*v*)	I	4
Gala (*v*)	a	I	Id.	a	II
Galadima (*v*)	H	3	Gel (El) (*r*)	d	II
Galiéni (*v*)	H	12	Genna (*v*)	I	4
Galley (*ile*)	C	11	Genoyer (*itin*)	C	8
Galoa (*p*)	I	10	Gerboa (*lac*)	d	I
Galoa (*p*)	C	9	Ghabé (*v*)	d	II
Gamamba (*m^t*)	H	13	Gharb (Dar El) (*p*)	c	I
Gamaza (*v*)	L	3	Ghasa (*v*)	c	II
Gamenzo (*v*)	E	8	Ghattas (*v*)	d	II
Gamkoul (*r*)	b	II	Giboro (*v*)	I	4
Gamouli (*v*)	I	5	Gikoué (*r*)	B	9
Gampita (*m^t*)	Q	13	Glass (*v*)	C	8
Gana (*v*)	H	12	Goa (*v*)	D	12
Ganda (*v*)	O	4	Gobi (*m^t*)	F	2
Id.	b	III	Gobou (*p*)	M	3
Id.	c	II	Id.	L	4
Gandikolo (*v*)	I	7	Gocambo (*r*)	E	12
Ganga (*v*)	O	4	Goco (*v*)	F	12
Gango (*r*)	Q	4	Godaoua (*v*)	I	3
Gango (*r*)	c	III	Godel (*itin*)	E	10
Gangony (*r*)	E	I	Id.	F	10
Gangouma (*v*)	o	4	Godiat (*p*)	d	I
Gangoura (*v*)	c	III	Gogomi (*v*)	b	I
Ganie (*v*)	F	12	Gokoula (*r*)	I	7
Ganza (*v*)	o	4	Golé (*v*)	E	7

Golfan (*mts*)	D	1	Goumbo (*v*)	C	10
Golo (*p*)	c	II	Goumé (*v*)	N	4
Gomatché (*v*)	G	3	Goumendjoko (*m^t*)	F	6
Id.	a	II	Gounda (*v*)	N	4
Gombé (*v*)	F	8	Goundou (*v*)	F	10
Id.	I	8	Gourba (*r*)	d	III
Goméché (*v*)	G	3	Gourgara (*v*)	a	II
Id.	a	II	Gouroangou (*v*)	L	2
Gomou (*v*)	P	4	Gouvoto (*v*)	F	14
Id.	c	III	Grand-Batanga (*v*)	C	6
Gondimori (*v*)	B	9	Grenfell (*itin*)	C	5
Gondokoro (*v*)	d	III	Id.	1	13
Gondou (*v*)	c	II	Id.	L	6
Gongapou (*p*)	K	3	Id.	Q	7
Gono (*v*)	L	3	Gribingui (*r*)	M	1
Goré (*v*)	I	4	Id.	b	II
Goro (*v*)	J	4	Grouzou (*v*)	O	4
Id.	a	III	Guambonguila (*v*)	F	9
Goroumbo (*r*)	o	4	Guataré (*v*)	E	4
Goua (Lac El-)	d	I	Guéga (*p^{te}*)	B	10
Gouachobo (*v*)	I	4	Gueki (*lac*)	d	II
Gouadi (*v*)	G	13	Guendero (*m^t*)	E	1
Gouali (*m^t*)	F	9	Guendi (*r*)	c	I
Goubia (*m^t*)	C	9	Guéré (*m^{tn}*)	b	I
Goudimou (*v*)	B	9	Guetti (*r*)	d	II
Goudo (*v*)	K	8	Guida (*v*)	P	3
Gougou (*v*)	J	4	Guikora (*p*)	a	II
Gouin (*itin*)	C	9	Guillou (*itin*)	D	9
Gouikora (*v*)	J	2	Guimdi	I	5
Goujou (*v*)	c	II	Guinedou (*ile*)	I	6
Goukin (*v*)	d	I	Guiral (*itin*)	C	7
Goulfei (*v*)	a	I	Guiroungou (*v*)	L	2
Goullé (*v*)	F	12	Guiroupou (*v*)	M	2
Goumba (*v*)	d	III	Güssfeldt (*itin*)	D	11
Goumbiri (*v*)	d	III			

H

Hahoura (*r*)	D	6	Harrounek (*v*)	b	I
Hallah (El-) (*v*)	c	I	Hassan (*v*)	d	II
Hamid (Dar-) (*p*)	d	I	Hedde (*itin*)	B	10
Hamran (Beni-) (*p*)	c	I	Hellet-Kaka (*v*)	e	I
Hanné (El-) (*v*)	b	I	Herbert (*chute*)	D	4

I

J

K

L

M

Mabana (v)	F	10	Magba (v)	N	4
Mabanga (v)	F	12	Magba (v)	O	3
Mabea (rap)	D	5	Magba (v)	b	II
Mabéré (v)	I	4	Magba (chute)	O	3
Maberi (v)	J	10	Magoba (mᵗ)	E	8
Mabeté (v)	D	5	Magongo (v)	E	10
Mabongo (v)	F	9	Maha (v)	a	II
Mabounda (v)	F	13	Mahuru (v)	C	7
Mabounono (v)	G	10	Maila (v)	D	4
Macaba (v)	E	10	Maissime (v)	F	11
Macabana (v)	F	12	Maistre (itin)	G	3
Macamma (v)	E	14	id.	L	2
Macando-Mamba (v)	D	12	Maka (v)	D	5
Macanga (v)	F	9	Makaka (v)	G	12
Maci-Maboukou (v)	D	12	Makala (v)	D	5
Macongo (r)	J	9	Makoko (v)	C	11
Macouetou (v)	J	9	Makoko (plateau de)	I	12
Macouma (v)	F	10	Makobou (v)	M	3
Madamoungoa (v)	O	4	Makoua (riv. Ouellé-)	d	III
Madapouke (v)	O	4	Makoung (v)	F	5
Madembaka (v)	O	3	Makorou ou Mpoko (v)	N	2
Madi (p)	d	III	Makraka (p)	d	III
Madianda (v)	G	3	Malang (r)	D	5
Madigali (v)	K	3	Malanga (r)	G	12
Id.	b	II	Malangué (v)	E	5
Madincabi (v)	H	12	Malapi (v)	L	5
Madinga (v)	N	4	Malendé (v)	E	5
Madingo (v)	D	13	Malène (v)	E	8
Madjambié (r)	E	9	Malemba (v)	F	9
Madjeké (v)	F	10	Malembanko (v)	E	5
Madoko (v)	F	12	Malgag (mᵗ)	b	II
Madomba (r)	I	6	Malik (R. Oued-)	d	I
Madou-Madou (v)	L	1	Malima (v)	Q	5
Madoungo (v)	M	3	Malimba (v)	D	12
Madoungo (r)	F	11	Malindé (v)	D	6
Maffaling (v)	a	I	Mallan (v)	F	6
Maffate (v)	a	I	Malo (mᵗ)	F	12
Mafouga (r)	C	9	Maloamba (v)	H	13
Maga (r)	C	8	Malongo (v)	I	6

3

Massalat (Dar-) (p).	c	I	Mbala	K	8
Massango (v).	G	10	Mbam (r).	E	2
Massango (v).	E	10	Mbama (ile).	E	9
Massango (p).	E	10	Mbamballi (v).	H	11
Massassa (chute).	H	13	Mbambou (p).	I	8
Massetché (v).	C	11	Mbanga (v). . . .	M	3
Massina (v).	H	13	Id	c	II
Massinya (v).	a	I	Mbanio (lag).	D	12
Massouma (v).	C	7	Mbari (r).	c	III
Mata (r).	G	13	Mbari (r).	O	4
Matadi (v).	G	14	Mbé (v).	D	7
Matandé (v).	K	8	Mbé (v).	I	12
Matapé (mts).	D	5	Mbeï (r).	D	8
Matchouma (v).	F	8	Mbenga (v).	I	12
Matembé (v).	F	13	Mbeou (r).	F	9
Mateba (ile).	F	15	Mberi (r).	N	3
Matiang (p).	D	II	Mbéréki (v).	I	4
Matol (mt).	C	4	Mbété ou Obamba (p) . . .	G	9
Matongouna (v).	G	13	Mbeto (v).	N	4
Matoumbo (v).	E	5	Mbia (r).	C	6
Matuti (cap).	D	12	Mbia-Bandiri (mt).	c	II
Mavongo (v).	E	10	Mlili (r).	P	4
Mavounonou (v).	F	11	Mbili (r).	c	III
Maya (v).	H	10	Mbima (v).	c	III
Maya (r).	G	10	Mbimbi (r).	L	2
Mayabi (v).	F	10	Mbinda (v).	F	4
Mayaka (v).	b	III	Mbinga (p).	L	7
Mayala (v).	I	13	Mbingui (r).	L	2
Mayamégué (v).	D	6	Mbioua (r).	O	4
Mayembi (v).	C	7	Mboco (v).	G	12
Mayo-Kebbi (r).	a	II	Mboco (p).	H	8
Mayolo (v).	D	10	Mbocou-Mao (v).	F	13
Mayumba (v).	D	12	Mboï (r).	I	4
Mayumba (baie de). . . .	D	12	Mboko (v).	N	4
Mayombé (v).	E	13	Mbokou (v).	H	13
Mayombe (foût de). . . .	E	13	Mbokou-Sangala (v). . . .	D	12
Mbodé (pte).	C	7	Mbokou-Songo (v).	G	13
Mbaeré ou Mabèré (r). . .	J	4	Mbola (v).	F	14
Id. . . .	a	III	Mbomo (v).	F	13
Mbagga (p).	L	3	Mbomo (v).	d	II
Mbagua (v).	H	10	Mbomou (r).	O	4
Mbagou (v).	I	7	Id.	P	4
Mbala (v).	J	9	Id.	Q	4

Milongo (v)	E	12	Mocassé (v)	H	10
Miltou (v)	a	II	Modabenai (v)	O	4
Mindouli (v)	H	13	Modabendi (v)	b	III
Mindoumeo (p)	G	10	Moddo (r)	Q	5
Mindoung (r)	F	7	Modjoumbo (v)	J	9
Minga (Dar-) (p)	c	I	Modobo (v)	b	I
Mingandji (r)	G	7	Modoumo (mts)	E	9
Minier (itin)	C	9	Modzaka (v)	K	7
Mikkeye (v)	K	8	Mofio (v)	c	II
Minziré (v)	G	12	Mogengé (v)	D	7
Mirakok (v)	c	II	Mohoua (chute)	H	13
Misangué (r)	D	8	Moïdi (r)	D	9
Miskango (v)	b	II	Moito (v)	a	I
Missolié (v)	E	13	Mokanga (v)	K	8
Missone (v)	G	9	Mokangoué (v)	L	4
Missongo (r)	J	9	Mokege (v)	I	9
Miteo (v)	F	10	Mokelo (v)	I	5
Mitoula (v)	J	8	Mokelo (p)	I	5
Mitre (mᵗ de la)	C	7	Mokemo (v)	J	10
Mitsogo (p)	D	10	Mokenga (v)	E	10
Mitsogo (p)	E	10	Mokolo (v)	K	8
Mittou (p)	d	II	Mokombongui (v)	N	4
Mivoto (r)	E	10	Mokomela (canal)	K	8
Mizon (itin)	F	10	Mokomila (r)	K	8
Id.	F	11	Mokongo (v)	F	13
Id.	H	10	Mokouangué (v)	b	III
Id.	I	3	Mokoumbi (v)	G	13
Id.	I	5	Mola (v)	a	I
Mkaa (v)	D	5	Molanga (r)	J	9
Mkoukou (r)	P	7	Molele (r)	I	11
Mkoul (r)	F	6	Molembé (v)	J	8
Mlole (v)	D	5	Molembo (p)	E	14
Moambi (r)	D	12	Molembo (baie)	E	14
Molaka (v)	J	9	Mollombou (v)	K	8
Mobangui (p)	K	9	Molo (r)	H	8
Mobaye (v)	N	4	Moloango (v)	F	13
Mobaye (v)	b	III	Molombi (v)	J	9
Mobeka (v)	M	7	Molongoli (v)	I	6
Mobeka (p)	M	6	Momanga (v)	P	7
Mobendjellé (p)	K	8	Momba (r)	H	6
Mobendjellé (canal)	K	8	Mombé (v)	F	12
Mobi (v)	F	10	Momboco (r)	F	9
Mobombo (v)	L	5	Momo (r)	E	9

Moum (r)	F 6	Mpangou (v)	G 13
Moumbo (r)	G 12	Mpembo (r)	G 14
Moumbo (v)	C 6	Mpila (v)	H 13
Moumé (v)	C 7	Mpimi (v)	H 11
Mouna (r)	F 8	Mpindi-loango (lac)	C 10
Mounaji (v)	F 13	Mpivié (r)	C 10
Moundou (v)	d III	Mpoco (r)	F 11
Moundou (p)	d III	Mpoka (r)	K 9
Moungala (r)	M 6	Mpoko ou Makorou (v)	N 2
Moungo (r)	C 4	Mpoko (v)	b II
Moungoundou (v)	G 10	Mpoko (r)	L 4
Mouniongo (v)	G 14	Id.	b II
Mounouanga (v)	K 5	Mpomba (v)	I 10
Mounouanga (v)	b III	Mpombo (v)	K 9
Mouny (r)	C 7	Mpoumba (v)	F 8
Mouret (v)	P 4	Mpoumba (v)	J 10
Mouridjilat (v)	d I	Mpoutouga (r)	I 4
Mousgou (p)	a I	Mpozo (r)	G 15
Moussati (v)	H 13	Msalla (v)	E 5
Moussembé (v)	L 7	Mseguil (r)	b II
Moussinda (v)	G 13	Msouata (v)	I 12
Moussorongo (p)	F 15	Mtombouli (v)	F 11
Moutamba ou Ndembé (v)	E 9	Muouo (r)	F 8
Mouta-Secca (p¹ᶜ)	F 15	Mvo (v)	E 4
Mouyniandji (r)	F 8	Mvolo (v)	d II
Moye (r)	I 3	Mvellé (p)	E 4
Moyoca (v)	K 7	Id.	F 4
Mpaka (v)	L 4	Mvila (r)	D 6
Mpakara (v)	J 4	Mvomezo (v)	C 9
Mpakasa (v)	I 11	Mvoulo (r)	F 7
Mpando (v)	B 10	Mvoum (v)	E 4
Mpama (r)	G 11	Mvoung (r)	F 8
Mpama (r)	I 10	Mvouti (v)	F 13
Mpanga (v)	G 14		

N

Nachtigal (rap)	E 4	Nana (r)	b II
Naéné (r)	L 2	Naleba (r)	I 2
Namiong (v)	D 5	Nambuco (v)	E 14
Nana (r)	I 2	Nam Rohl (r)	d II
Id.	L 1	Nana (r)	a II

Nanga (lac)	E	13	Ndobé (v)	B	4
Nanga-Songa (île)	C	11	Ndogo (log)	C	11
Nango (v)	C	8	Ndoko (v)	C	9
Nango (v)	d	II	Ndolo (v)	F	9
Nangoko (v)	I	4	Ndolo (v)	H	13
Id.	a	III	Ndondou (v)	L	7
Nankoué (v)	E	4	Ndongo ou Bayanga (v)	I	6
Naza (v)	I	3	Ndongo (v)	L	6
Nazaré (Baie de)	B	9	Ndongo (r)	C	5
Nbaca (v)	O	4	Ndorouma-Mbanga (v)	d	III
Nbassani (v)	c	II	Ndou (v)	P	4
Nbia-Daragoumba (m^t)	c	II	Ndoua (r)	G	12
Ncando (v)	F	12	Ndouarou (île)	P	4
Ncinigua (v)	I	12	Ndoui (v)	I	4
Ncona (r)	F	9	Ndoulo (r)	H	12
Ncondo (v)	E	13	Ndouma (v)	C	9
Nconi (r)	G	10	Ndoumba (v)	F	9
Ncouana (v)	H	11	Ndoumbi (v)	H	10
Ncoula-Maceilo (v)	F	13	Ndoungui-Mboti (v)	H	9
Ncouna (v)	H	10	Ndri (p)	J	5
Nounda (r)	J	10	Id.	K	4
Ndaki (r)	I	7	Id.	L	3
Ndambi-Mbongo (v)	G	14	Id.	L	4
Ndambo (v)	C	10	Id.	b	III
Ndam-Phong (v)	a	II	Ndro (v)	L	3
Ndao (r)	D	11	Ndyorkbofang (v)	C	9
Ndapoua (p)	M	3	Ndzaka (v)	L	5
Ndayé (v)	o	4	Nebout (itin)	L	4
Ndembé ou Moutamba (v)	E	9	Nedada (v)	d	III
Ndemé (v)	F	9	Negounda (v)	d	III
Ndéré (p)	J	2	Nengué (v)	C	10
Id.	b	III	Nengué (r)	H	2
Ndila (v)	G	11	Neven du Mont (chute)	C	5
Ndjaba (v)	E	13	Nfoumoneula (v)	H	12
Ndjanga (r)	D	5	Ngaba (pointe)	C	7
Ndjaye (v)	H	8	Ngaboco (v)	G	12
Ndjeka (r)	I	4	Ngadi (v)	F	10
Ndjereng (r)	G	2	Ngado (v)	I	4
Ndjiondo (v)	G	9	Ngaenkanga (v)	H	11
Ndjo-Abiamé (v)	E	8	Ngala (v)	a	I
Ndjolé (v)	D	9	Ngalieiné (v)	I	12
Ndjoua (r)	G	8	Ngama (v)	H	7
Ndlokou (v)	K	7	Ngama (v)	I	4

Npéré (lac).	B	10
Npopo (v).	D	10
Nsafou (v).	F	14
Nsakara (p).	O	4
Nsakara (p).	b	II
Nsanda (v).	G	14
Nsaounga (v).	P	4
Nselo (v).	H	13
Nsoumba (île).	M	7
Nsoundi (v).	H	13
Nsoundi (v).	G	14
Ntem (r).	E	7
Ntempa (v).	I	13
Ntiemo (r).	H	13
Ntimbo (v).	E	9
Ntocouciala (v).	E	13
Ntombo (v).	H	13
Ntombo (r).	E	13
Ntomo (marais).	F	7
Ntongo (v).	I	10
Ntouka (v).	E	13
Ntoum (v).	C	8
Ntselé (v).	I	13
Nullet (r).	c	I
Nvélé (v).	E	13
Nyambaka (r).	H	2

Nyambaka (pic).	H	2
Nyambaka (pic).	a	II
Nyamboua (v).	I	13
Nyanga (v).	C	11
Nyanga (v).	D	10
Nyanga (r).	E	11
Nyanga (r).	D	11
Nye (r).	E	3
Nyong (r).	E	5
Nyong (Riv. Sanaga ou Grand-).	F	4
Nyongo (v).	F	11
Nyon-Home (r).	G	14
Nyoua (v).	E	2
Nyoua (mts).	E	2
Nyoué (r).	I	6
Nzabi (v).	H	13
Nzabi (v).	I	10
Nzaï (v).	D	11
Nzami (v).	I	4
Nzangou (v).	H	13
Nzangué (v).	L	5
Nzaouré (r).	I	4
Nzondou (v).	K	8
Nzoua (v).	D	8

O

Oada (v).	a	II
Oba (v).	H	9
Oba (p).	H	9
Oba-Angombi (v).	H	9
Obaguia (v).	E	10
Obaha (p).	H	7
Obamba ou Mbété (p).	b	10
Obangoué (v).	C	10
Obbo (v).	e	III
Obelo (v).	C	8
Obili (v).	G	10
Obimi (v).	G	10
Obindji (v).	C	10

Obongo (p).	C	11
Oboni (v).	H	10
Oca (itin M. De-).	C	7
Id	C	8
Ocoua (Rivière du Sel ou Lebaï-).	H	8
Ocouli (v).	G	10
Oda (v).	c	I
Odia (r).	H	10
Odiganga (r).	E	10
Odoulé (v).	D	9
Ofobou-Oréré (mts).	C	10
Ofoubou (r).	C	11

Ofoué (r).	E	9	Onoïo (r).	E	9
Ofoué (r).	F	10	Oouli (r).	H	11
Ogepemba (v).	D	9	Oouomi (v).	G	8
Ognatchichi (v).	F	9	Opang (p).	J	4
Ognoné (pte).	B	9	Opika (v).	I	9
Ogooué (emb. du Fleuve).	B	9	Opoandi (v).	C	7
Ogooué (fl).	C	9	Opongo (v).	E	9
Id.	F	9	Oronga (v).	C	9
Id	G	11	Osété p).	G	8
Ogoullou (v).	D	11	Ossiya (v).	H	10
Ogoulou (r).	E	10	Ossorio (ilin).	D	6
Oguemouen (lac).	C	9	Id.	D	7
Okanda (plaine).	E	9	Ossyeba (p).	C	7
Okanda (porte de l').	E	9	Id.	D	8
Okanga (v).	H	8	Id.	E	8
Okano (r).	D	8	Id.	F	8
Okano (r).	E	8	Otanda (v).	C	9
Okkela (v).	e	III	Otanda (mt).	C	9
Okoba (v).	G	9	Otando (mts).	D	10
Okonga (v).	G	8	Otchouma (mts).	F	13
Okota (p).	G	8	Otobo (v).	G	11
Okota (p).	G	9	Otoko (v).	G	12
Okoumah (r).	F	6	Otombi (mt).	D	9
Okoumantchiono (v).	G	9	Otondé (r).	C	7
Olazoumé (v).	E	8	Otoubo (v).	H	10
Olendé (v).	F	10	Ouabika (r).	M	6
Olinda (v).	D	10	Ouabori (v).	J	3
Ollan (v).	F	7	Ouadaï (p).	b	I
Olo (v).	b	I	Ouadamed (v).	d	III
Oloïo (r).	D	9	Ouadda (v).	L	4
Ololi (v).	H	8	Ouadda (v).	b	III
Ololi-Abouma (r).	C	10	Ouagua (r).	E	7
Omba (r).	D	10	Ouah (r).	E	8
Ombana (v).	G	8	Ouahmé (r).	K	2
Ombanga (v).	c	II	Ouahmé (r).	b	II
Ombéla (r).	L	3	Ouaka (r).	D	10
Ombéla (r).	b	II	Ouallé (r).	c	II
Ombimbaga (r).	H	8	Ouampoko (r).	I	13
Ombli (p).	M	2	Ouandi (v).	d	III
Ongomo (p).	F	11	Ouando (v).	c	II
Ongono (v).	H	10	Ouando (v).	d	III
Onienga (v).	G	8	Ouanga (v).	C	8
Onna (v).	C	8	Ouango (v).	O	4

Panga-poutou (*ple*).	C	11
Pangar (*v*).	H	2
Pankoi (*r*).	H	3
Panlou (*r*).	E	12
Paperouer-Kpake (*r*). . .	c	II
Paré (*r*).	J	2
Passa (*v*).	G	10
Passa (*v*).	G	13
Passa (*r*). . . , ...	G	10
Passi-Passi (*r*).	F	12
Pata (*v*).	O	5
Patrissango (*p*).	O	3
Pavaria (*ile*).	B	9
P. da Lenha (*v*).	F	14
Pedras (*plo*).	C	11
Pernambuco (*v*).	E	14
Petit Batanga (*v*).	C	5
Petitonga (*ple*).	C	11
Pfoulah (*v*).	F	7
Piconda (*v*).	J	8
Pics jumeaux (*v*).	I	3
Pika-Samba (*v*).	G	13
Pika Sangua (*v*).	G	13
Pikissa (*v*).	O	5
Pikissa (*v*).	b	III
Pingo (*v*).	P	3
Pingo (*v*).	c	II
Pioka (*r*).	H	4
Pitali (*v*).	D	10
Plake-Kompaka (*v*). . . .	H	9
Plato (*v*).	E	9
Pleigneur (*itin*).	G	13
Pobéguin (*itin*).	B	9
Id.	C	7
Id.	C	11

Pobéguin (*itin*)	D	12
Id.	G	10
Pocoulo (*v*).	H	12
Pointe fétiche.	D	9
Pointe française.	F	15
Pointe noire (*v*).	E	13
Pointe noire (*baie de*). . .	E	13
Pointe noire (*cap*).	E	13
Pokolo (*v*).	I	5
Pomo (*p*).	I	6
Pomocombo (*ple*).	B	9
Pomokiri (*v*).	H	12
Ponel (*itin*).	H	2
Id.	I	4
Id.	I	10
Id.	K	3
Id.	L	3
Id.	L	4
Id.	M	3
Pongara (*ple*).	B	8
Pongo (*v*).	G	9
Popo (*r*).	c	II
Popom (*r*).	H	3
Poromo (*v*).	Q	4
Poubara (*chute*).	G	10
Poubi (*mt*).	F	10
Poulangoï (*v*).	F	10
Poundoungoï (*v*)	E	9
Pountaba (*r*).	I	12
Poupo (*p*).	H	7
Prat (*itin. de*).	O	4
Prince (*ile du*).	A	7
Prince (*baie du*).	B	9
Pripli (*r*).	N	4

Q

Quingonloko (*v*).	H	6

R

Rabi (r)	C	10	Rimo (v)	d	III
Rafaï (v)	Q	3	Risé (r)	D	7
Rafaï (v)	c	II	Rivière du Sel ou Lebaï-		
Rafaï (p)	c	III	Ocoua	H	8
Rafaï-Mbomou (v)	c	II	Roah (r)	d	II
Rahat-Dokko (lac)	b	I	Robia (v)	c	III
Rahat-Minyaré (r)	b	III	Rocher fetiche	F	14
Rahat Zedrat (lac)	b	II	Roge (lac)	C	9
Rahnde (v)	D	11	Roget (itin)	Q	5
Ramba (r)	I	3	Rohl (r)	d	II
Ramboe (r)	C	9	Roll (r)	E	9
Ramsay (itin)	D	4	Ronga (p)	d	I
Ras el Fil (v)	b	I	Rouba (v)	o	4
Redjaf (v)	d	III	Roubi (r)	P	6
Reeb (itin)	F	10	Roubounga (v)	O	6
Reis-Bouba (v)	a	II	Rouki (r)	L	9
Remandji (v)	D	10	Roumbec (v)	d	II
Rembo (r)	C	10	Rouvier (itin)	F	12
Remo (v)	O	4	Id.	H	13
Remago (v)	L	3	Id.	I	10
Rengba (v)	O	4	Id.	I	11
Rey (Rio del)	B	4	Id.	K	8
Reyan (v)	d	II	Id.	K	9
Richards (lac)	B	4			

S

Sabanga (p)	L	3	Sahini (Z-) (v)	c	II
Sabbout (v)	D	11	Sainte-Catherine (cap)	B	10
Sabendja (v)	F	11	Sainte-Marie (Berghe-) (v)	I	12
Sabi (mt)	D	11	Saint-Jean (cap)	C	7
Sadau (v)	a	I	Saint-Louis (v)	K	9
Sadika (v)	G	14	Sajadin (v)	d	II
Sadzé (v)	a	II	Sakoua (v)	I	4
Safila (r)	c	II	Sala (v)	d	I
Sagasiki (v)	I	4	Salamat (riv. Bahr-Es-)	b	I
Sagasiki (v)	a	III	Salanga (p)	K	4
Sahanaha (v)	H	6	Salepite (v)	F	10

4

U

V

Vermot (*itin*)	P	4
Vevey (*lag*)	C	11
Vida (*v*)	C	7
Victoria (*v*)	B	4
Vidjoué (*p*ᵗᵉ)	C	8
Vieux-Calabar (*v*)	A	4
Vieux-Calabar (*r*)	B	4
Vigna (*r*)	C	8
Vinda (*v*)	F	14
Vista (*v*)	E	13
Vivi (*v*)	G	14
Voitoux (*itin*)	E	13
Vouado (*v*)	F	14
Vouanza (*v*)	K	7
Voula-Voula (*v*)	E	9
Voumbé (*v*)	H	3
Voumbo *r*)	I	4
Vounafiro (*v*)	E	5
Vounda (*v*)	G	14
Vounguéré (*v*)	G	3
Vouni (*r*)	L	1
Vouni (*r*)	b	II
Vounshoe (*v*)	D	5
Vounzi (*r*)	F	14
Vouri (*r*)	C	14
Vouté (*p*)	E	4

W

Walker (*itin*)	C	9
Waterfall (*r*)	C	6
Whom (*v*)	E	7

Y

Yà (*ile*)	o	4
Yabanda (*v*)	M	2
Yabanda (*v*)	b	II
Yagpa (*p*)	o	4
Yakoli (*v*)	L	4
Yakoma (*v*)	o	4
Yakoma (*v*)	b	III
Yokoma (*p*)	o	5
Yakoma (*p*)	b	III
Yakoun (*v*)	E	3
Yalo (*r*)	d	II
Yalobogo (*v*)	D	4
Yaloukoun (*v*)	D	4
Yaloulima (*v*)	P	7
Yaloundi (*p*)	o	7
Yama (*v*)	F	12
Yama (*v*)	H	10
Yamaka (*v*)	L	3
Yamala (*v*)	c	II
Yambaka (*v*)	H	2
Yambasa (*v*)	D	4
Yambi (*r*)	C	8
Yambinga ou Yambiga (*v*)	P	6
Yambong (*v*)	F	5
Yamboungo (*v*)	P	7
Yamendjib (*v*)	D	6
Yamoungou (*v*)	N	4
Yanga (*v*)	H	13
Yango (*r*)	D	5
Yangoli (*v*)	c	II
Yangou (*v*)	Q	2
Yangouba (*v*)	c	II
Yanguana (*p*)	F	5
Yangué (*m*ᵗˢ)	C	7
Yanguéré (*p*)	K	3
Yaou (*r*)	F	10
Yaoua (*v*)	b	I
Yaoundé (*p*)	E	5
Yapa (*v*)	o	4
Yapiti (*v*)	C	5

Z

Typographie Firmin-Didot et Cie. — Mesnil (Eure).

www.ingramcontent.com/pod-product-compliance
Lightning Source LLC
Chambersburg PA
CBHW072020290326
41934CB00009BA/2143